Debora Silva

Gestão de conhecimento e tomada de decisão

Debora Silva

Gestão de conhecimento e tomada de decisão

Dictus Publishing

Cover image: www.ingimage.com

Publisher:
Dictus Publishing
is a trademark of
Dodo Books Indian Ocean Ltd., member of the OmniScriptum S.R.L Publishing group
str. A.Russo 15, of. 61, Chisinau-2068, Republic of Moldova Europe
Printed at: see last page
ISBN: 978-620-2-47958-5

O IMPACTO DA GESTÃO DO CONHECIMENTO NO PROCESSO DE ANÁLISE E TOMADA DE DECISÃO DE UMA EMPRESA DO SETOR AUTOMOTIVO EM JUNDIAÍ-SP

Débora da Silva[1]

Juliano Shimiguel[2]

RESUMO

Este trabalho tem como objetivo destacar o impacto que a gestão do conhecimento trata em um sistema informatizado tem no processo de análise e tomada de decisão em uma empresa. Sendo composto por pesquisa bibliográfica, abordagem qualitativa, de objetivos exploratórios e também do estudo de caso de uma empresa do setor automotivo em Jundiaí. Os resultados apontaram que um SAD que compreenda um adequado sistema informatizado pode ser muito eficaz para que decisões mais acertadas sejam tomadas na organização, e assim, melhorando seus aspectos produtivos e em consequência sua competitividade.

Palavras-chave: Informação, Tecnologia, Decisão.

[1] Sistemas de Informação

[2] Doutorado e Mestrado em Ciência da Computação pelo Instituto de Computação da Unicamp. Professor dos cursos de Sistemas de Informação Analise de Sistemas e Engenharia de Produção do Centro Universitário Padre Anchieta.

ABSTRACT

This paper aims to highlight the impact which knowledge management processes in a computerized system in the process of analysis and decision making in a company. It is composed by bibliographical research, qualitative approach exploration targets approach as well as a case study of a company in the automotive sector in Jundiai. The results show that a SAD which understands a suitable computer system is able to be very effective so that better decisions are taken in the organization, and thus improving its productive aspects and consequently its ability to complete.

Keywords: Information Technology Decision.

1.INTRODUÇÃO

O ambiente de negócios contemporâneo tem sido impactado pelo rápido processo de globalização que trouxe mudanças significativas ao cenário econômico mundial nos últimos anos, exigindo das empresas uma reestruturação em sua forma de administrar e principalmente de lidar com o seu poder sobre as informações e assim, em suas tomadas de decisão.

Em um contexto que a informação tem se apresentado como um elemento valioso a quem sabe usá-la estrategicamente, uma organização precisa contar com uma gestão de informação que lhe ajude a ter mais do que alta produtividade, ou seja, é necessário ter também agilidade e uma elevada capacidade de resposta diante às tendências de um mercado globalizado.

Nesse cenário, se destacam os avanços da Tecnologia da Informação (TI), sendo que:

> A antiga economia, onde o fluxo de informações era físico: dinheiro, cheques, faturas, conhecimento de carga, negociações face a face, telefones analógicos e propagandas via mala direta, não encontra mais espaço nas grandes corporações multinacionais. A nova economia é digital. Nesta nova economia, a informação em todas as suas formas tornou-se digital – reduzida a *bits* armazenados em computadores e correndo na velocidade da luz por redes. (WALDMAN, 2004, p. 13)

A atual economia, além de ser baseada num ritmo digital, também é uma economia do conhecimento, ou seja, embasada na aplicação do conhecimento humano sobre tudo que se produz e de como se produz.

Assim, nessa tendência, tanto as empresas produtoras, quanto as de serviços vem investindo tempo e dinheiro em meios que contribuam para maior eficiência na sua maneira de gerenciar seus negócios. (MAÇADA, 2001)

Hoje, as empresas atuam de uma forma geral, trabalhando de maneira interativa entre as suas várias áreas, em que cada uma tem seu papel específico, mas que devem trabalhar ao mesmo em conjunto para atingirem ao objetivo organizacional final. Neste sentido, para que se tenha esse intercâmbio de informações e metas de modo mais transparente e rápido, um sistema informatizado pode ser uma ótima ferramenta de apoio no seu gerenciamento.

O processo de gerenciamento envolve vários aspectos, mas, principalmente o processo de decisão em empresas de diversos setores, como, por exemplo, as de grande porte do setor automotivo, visou-se a abordagem do tema: O Impacto da gestão do conhecimento no Processo de Análise e Tomada de Decisão de uma Empresa do Setor Automotivo em Jundiaí-SP.

Desse modo, considerando o atual ambiente competitivo nos negócios, têm-se o referido problema de pesquisa: o uso de um Sistema informatizado pode ser fundamental para a eficácia do processo de análise e tomada de decisão de uma empresa, como a do setor automotivo?

Como um sistema informatizado pode afetar (positivamente) a eficácia do processo de analise e tomada de decisão de uma empresa multi-setorial como a automotiva.

Diante dos avanços ocorridos no mundo e da necessidade das organizações em concorrerem entre si visando minimizar seus custos e aumentar os lucros para seus acionistas, em hipótese afirma-se necessário investir em tecnologia, principalmente do que se refere à gestão da informação.

A organização ou empresa, em seu contexto interno e externo por si já representa um sistema e consequentemente, um sistema de informação. (REZENDE, 2005).

Hipoteticamente, esse sistema, entretanto, pode ser melhor gerenciado através da Tecnologia da Informação. Porém, há de se levar em conta que o simples ato de informatizar a empresa, espalhando computadores e demais equipamentos em suas áreas, colocando uma rede, não basta para organizá-la, sendo preciso também, um planejamento:

> É necessário elaborar a estruturação ou organização interna e externa da organização, primeiramente as funções organizacionais básicas. Tal estruturação compreende principalmente as funções organizacionais e os respectivos procedimentos do negócio ou da atividade principal (...). Depois dessa etapa concluída é que se deve iniciar a informatização e o desenvolvimento de *software* da organização. (REZENDE, 2005, p. 26)

O objetivo geral deste artigo é estudar e investigar as práticas de integração eletrônica – sistemas de informação, tendo como base a analise de uma empresa do setor automotivo, visando principalmente observar os impactos que a Gestão do conhecimento utilizada por ela tem causado no seu processo de análise e tomadas de decisão.

O presente trabalho é pautado em pesquisa bibliográfica e de estudo de caso, sendo qualitativo e de objetivos exploratórios.

Sua estrutura se divide em seções que tratam de assuntos específicos e embasam a conclusão.

A leitura desse estudo é voltado para profissionais e estudantes de tecnologia, administração, ciências da computação e a todos que tenham interesse pelo tema.

2.REVISÃO BIBLIOGRÁFICA

O ambiente de negócios nas últimas décadas vem sofrendo severas transformações no que tange às formas de transações, na formação das equipes de trabalho, no trato das informações, na maneira de se comunicar, entre outras, que tem requerido uma reestruturação nas gestões das empresas para atender com maior excelência às novas exigências do mercado.

Um bom exemplo que vem provocando mudanças nas empresas é a globalização e a intensificação do uso da informática para alcançar aos mais diferentes objetivos.

A literatura específica aponta que nesse contexto se faz de grande relevância o uso da informação que se insere muito bem na gestão do conhecimento. Os recursos de conhecimento mostram, portanto, terem um importante papel no desenvolvimento econômico e humano. (TERRA; GORDON, 2002)

Assim, a economia industrial passa para uma economia de informação e de conhecimento, em que a Tecnologia da Informação (TI) vem auxiliando nas atividades gerenciais e competitivas das empresas. (ANDREASI; GAMBARATO, 2010)

Desse modo, essa seção faz um breve apanhado literário acerca da gestão do conhecimento, da importância da informação e da comunicação e da TI no atual cenário competitivo e globalizado para as tomadas de decisões das organizações.

2.1 A Gestão do Conhecimento

A Gestão do conhecimento auxilia tanto empresas, como pessoas no compartilhamento e administração do conhecimento. Surgiu com a ajuda de vários pesquisadores, ganhou espaço nos anos 90, e se juntando a novos modelos de gestão.

Segundo Peter Drucker, filósofo e economista Austríaco, considerado o pai da Administração Moderna, podemos definir a atual sociedade do conhecimento, da seguinte forma:

> A sociedade do conhecimento é a primeira sociedade onde o crescimento é potencialmente ilimitado. O conhecimento difere de todos os outros meios de produção, uma vez que não pode ser herdado ou concedido.
> Ele tem que ser adquirido por cada indivíduo e todos começam com a mesma e total ignorância. (DRUCKER, 2001, p.54).

O processo da Gestão do Conhecimento se debruça na eficaz geração, separação, armazenamento e compartilhamento de informações e experiências entre indivíduos e organizações com interesses e necessidades semelhantes:

> A Gestão do Conhecimento trata-se do processo pelo qual apoiamos a geração, o armazenamento e o compartilhamento de informações valiosas, *insights* e experiências dentro e entre comunidades de pessoas e organizações com interesses e necessidades similares. A coroação do processo de gestão do conhecimento é o compartilhamento. (NISEMBAUM, 2002, p. 275).

O conhecimento pode ser visto como um sistema vivo, que cresce e se transforma à medida que interage com o meio ambiente, os valores e as crenças integram o conhecimento já que determinam em boa parte, o que o conhecedor enxerga, absorve e conclui diante de suas observações. O conhecimento humano pode ser dividido em conhecimento tácito e explícito. (SANTOS et al., 2009)

O conhecimento explícito é o qual pode ser articulado na linguagem formal (afirmações gramaticais, expressões matemáticas, especificações manuais, etc.) é de fácil transmissão, sistematização e comunicação. (SANTOS et al., 2009).

Já o conhecimento tácito é mais complicado de ser promovido numa linguagem formal, entretanto é o mais importante, e engloba fatores intangíveis (crenças pessoais, perspectivas, *insights*, emoções, habilidades, etc.), sendo considerado uma fonte valiosa de competitividade entre as empresas. "Os conhecimentos tácito e explícito são unidades estruturais básicas que se complementam e a interação entre eles é a principal dinâmica da criação do conhecimento na organização de negócios." (SANTOS et al., 2009, p. 4).

A Gestão do Conhecimento resumidamente auxilia a organização a direcionar e manter o seu foco. No contexto organizacional, o conhecimento interno, gerado por indivíduos com talento que buscam alcançar os objetivos da empresa de formas inovadoras é um conhecimento valioso. (NISEMBAUM, 2002)

Entretanto, a transmissão do conhecimento (traduzir experiência em conhecimento) não é uma prática rotineira ou automática, é necessário que se tenha intenção e direção para se desenvolver conhecimento das experiências, com reflexão sobre as ações e resultados. Num processo de gestão do conhecimento é preciso considerar o tipo de conhecimento como um contínuo entre o explícito e o tácito. (NISEMBAUM, 2002)

O processo da gestão do conhecimento requer a criação do conhecimento em comum, ou seja, transformar a experiência em conhecimento; transferir esse conhecimento dentro da empresa; a recepção do conhecimento, isto é, a capacidade de absorção da equipe que o recebe; e depende da natureza da tarefa, a qual quando é rotineira, o conhecimento é de fácil transferência, porém, se ao contrário, requer avaliar quais as melhores formas de se aplicar o conhecimento e de solucionar problemas:

> [...] tarefas repetitivas envolvem aprendizado de uma volta (*single loop learning*), já que se tem o *feedback* imediato de uma ação conhecida e se pode trabalhar esses dados para a melhoria contínua da ação. (...) Em tarefas não rotineiras é preciso descobrir, diagnosticar as formas de aplicar melhor o conhecimento (...) Essa ação pressupõe a utilização do aprendizado de duas voltas (*double loop learning*), pois se questionará e refletirá para encontrar formas ainda não conhecidas de resolver os problemas, buscando-se a transformação e indo além da melhoria contínua (...). (NISEMBAUM, 2002, p. 282).

Dentre algumas formas de se transferir o conhecimento, vale citar: a transferência em série (*serial transfer*), aplicando-se em equipes que realizam uma tarefa e a repetem em outro contexto; a transferência próxima (*near tranfer*) implica na transferência de conhecimento da equipe para outra num contexto similar, mas em outro local. Esse processo leva a transferência do conhecimento explícito entre locais diferentes. A transferência distante (*far transfer*), que envolve a transferência de conhecimento tácito da equipe que possui a fonte para outra referente a uma tarefa não rotineira. A transferência estratégica (*strategic transfer*), que consiste na transferência de conhecimentos muito complexos e atinge sistemas mais amplos, assim sendo, a equipe multifuncional – fonte do conhecimento ganha relevância na organização. E a transferência de especialistas (*expert transfer*), a qual é a transferência de conhecimento explícito referente a uma tarefa realizada com pouca frequência podendo-se dessa forma, fornecer um procedimento claramente formulado. (NISEMBAUM, 2002)

As organizações deverão analisar até que ponto os paradigmas serão condizentes ao modelo de gestão de conhecimento e que tipos de sistemas de TI a serem implantados na organização.

Alguns paradigmas se diferenciam entre a época da Era Industrial para a Era do Conhecimento, como por exemplo, as pessoas na Era Industrial eram geradores de custos ou recursos, na Era do Conhecimento são geradores de receitas, ou ainda, as relações com os clientes, na Era Industrial, eram unidirecionais através dos mercados, na Era do Conhecimento, interativas através de redes pessoais e Tecnologia da Informação (TI). (ALVIM, 2001)

Assim, as empresas hoje precisam ter o conhecimento como um bem valioso, sabendo gerenciá-lo, considerando também que a comunicação e a informação interna são elementos fundamentais na busca da competitividade.

2.2 Comunicação e Informação

A comunicação deve ser priorizada pela empresa, pois é usada como estratégia em vários aspectos: "Comunicar implica compreender o outro e a si mesmo; significa entrar em acordo sobre objetivos organizacionais, partilhar normas comuns para a sua gestão." (LEME FLEURY; FLEURY, 2001, p. 186)

Em muitas situações a falta de comunicação, ou a transmissão errada de informações gera conflitos entre os membros da equipe de trabalho.

Em resumo, para que se tenha comunicação é preciso que se conte com um destinatário em poder de uma informação e que este seja capaz de compreendê-la. O termo comunicação refere-se ao processo completo de vida do homem em relação ao grupo social, abrangendo um vasto e variado campo da ação humana. (MONTANA; CHARNOV, 2011)

No campo da comunicação, a informação é fator primordial, cujo conceito reside na redução de incertezas e/ou no aumento do conhecimento sobre algo. A informação é de suma importância e indispensável a todos os processos organizacionais: "A informação deve ser tanto quanto possível constante, atualizada, precisa, capaz de ser difundia e utilizada por aqueles que tomam decisões na organização." (SANTOS et al., 2009, p. 1)

Portanto, a comunicação faz parte de um processo sistêmico, no qual cada etapa (emissor, transmissor, canal, receptor, destino, ruído) constitui um subsistema ou parte integrante do conjunto. Em sua prática pode ser vista como um processo bidirecional para que seja eficaz, ou seja, há necessidade de que se tenha um emissor que transmita a informação através de um canal a um receptor que decodifica a mesma para o destinatário que a retorna (*feedback*). (SANTOS et al., 2009)

O conceito de termos como informação é vasto dependendo da área a qual se aplica.

Inicialmente, Caputro e Hjorland (2007) apresentam o conceito de informação na visão de autores como Shannon (1948), mas, que na verdade se refere a um modelo de comunicação, em que se têm seis elementos: fonte, codificador, mensagem, canal, decodificador e receptor (Figura 1):

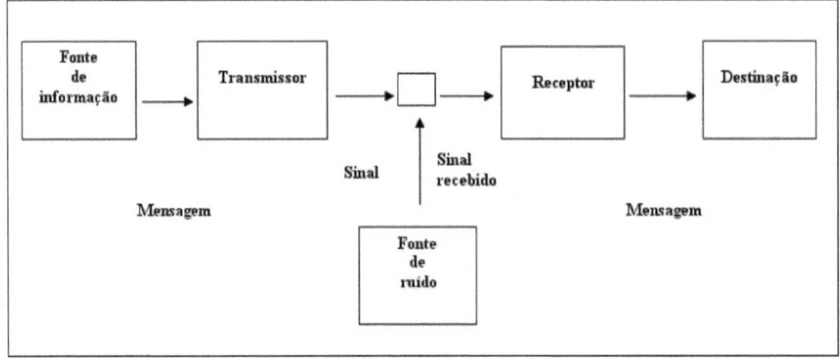

FIGURA 1 – Modelo de comunicação de Shannon

Fonte: Capurro e Hjorland (2007, p. 163)

O conceito de informação, por exemplo, utilizado no sentido de conhecimento comunicado, tem um papel central na sociedade contemporânea, a título de exemplo, têm-se o desenvolvimento e a disseminação da utilização das redes de computadores a partir da 2ª Guerra Mundial e a necessidade da ciência da informação como disciplina na década de 50. (CAPURRO; HJORLAND, 2007).

Assim, apesar de o conhecimento e a comunicação serem fenômenos de toda a humanidade, é o aparecimento da tecnologia da informação e sua influência global que moldam a sociedade atual como uma "sociedade da informação".

2.3 Conceitos de Sistema de Informação e Decisões

Atualmente com a globalização do mercado e consequentemente com o acirramento da concorrência impactando organizações de diferentes segmentos, a informação tem cada vez se transformado em algo valioso capaz de direcionar as tomadas de decisão de profissionais em várias áreas.

Em um setor, ou em um departamento, ou área, a quantidade recebida de informações pode ser abundante, portanto, requer um tratamento adequado às mesmas para que sirvam de apoio de forma eficaz aos usuários. "O valor da informação está diretamente ligado a como ela auxilia os tomadores de decisões a atingir os objetivos da organização." (STAIR; REYNOLDS, 2008, p. 02).

Com o avanço tecnológico esse tratamento às informações aumentou consideravelmente a eficiência nas operações das organizações, bem como a precisão e a agilidade nas tomadas de decisões, já que, os modelos, computadores e sistemas de informação continuamente melhoram a forma de condução dos negócios.

É certo que a informação tem um custo para a organização, ressaltando que adquirir e manter informações desnecessárias absorverá recursos organizacionais, assim, informações de menos ou de má qualidade não auxiliarão nas tomadas de decisão, e, ainda informações demais provavelmente gastarão dinheiro e poderão provocar a perda de dados bons e úteis.

A citação abaixo fundamenta a importância de um tratamento adequado às informações:

> Para ser uma ferramenta útil, a informação deve ser completa, precisa e apropriada para a tarefa e a pessoa destinada, e deve ser entregue com pontualidade. A informação fornecida deve se equiparar à necessária para a tomada de decisão. (MONTANA; CHARNOV, 2011, p. 406).

A qualidade da informação pode influenciar substancialmente na qualidade da tomada de decisão do profissional, tanto de forma positiva, quanto negativa. Assim, a informação também pode ser vista como necessária para o negócio moderno, por cada vez mais significar vantagem competitiva.

Nos últimos anos o conhecimento do impacto dos sistemas de informação e a habilidade para usufruir desse conhecimento colocando-o em prática vêm oferecendo aos profissionais um futuro promissor em organizações que atingem seus objetivos e em uma sociedade com melhor qualidade de vida. (STAIR, REYNOLDS, 2008)

Os sistemas de informação podem ser manuais, mas, em sua maioria acabam se tornando computadorizados, aptos a coletar, manipular, armazenar e processar dados. Normalmente os sistemas de informação computadorizados englobam *hardware, software*, banco de dados, telecomunicações, pessoas e procedimentos.

Normalmente há certa tendência por parte dos usuários em igualar os conceitos de informação e de dados. Portanto, cabe apontar suas distinções:

> Informação é um conjunto de fatos organizados de modo a terem valor adicional, além do valor dos fatos propriamente ditos. Dados são compostos por fatos básicos, como o nome e a quantidade de horas trabalhadas em uma semana de um funcionário, números de peças em estoque ou pedidos. (STAIR; REYNOLDS, 2008, p. 04).

Porém, o tipo de informação criada depende das relações definidas entre os dados existentes. Ressaltando que a transformação de dados em informações é um processo ou conjunto de tarefas logicamente relacionadas desenvolvidas com a finalidade de se alcançar um resultado específico.

E, o processo de definição de relações entre dados para criar informações específicas exige certo conhecimento, o qual pode ser traduzido como a consciência e o entendimento de um conjunto de informações e formas de torná-las úteis para apoiar uma tarefa específica ou tomar uma decisão.

Os dados por sua vez podem ser de vários tipos, como por exemplo, dados alfanuméricos, os quais são representados por números, letras e outros caracteres; dados de imagens, como imagens gráficas e figuras; os dados de áudio, representados por sons, ruídos ou tons; e, os dados de vídeo, relacionados a imagens ou figuras em movimento.

Cabe salientar que o importante são os resultados que os dados processados vão oferecer, ou seja, se estes serão úteis ou não e valiosos.

A seguir resume-se o processo de transformação de dados em informação:

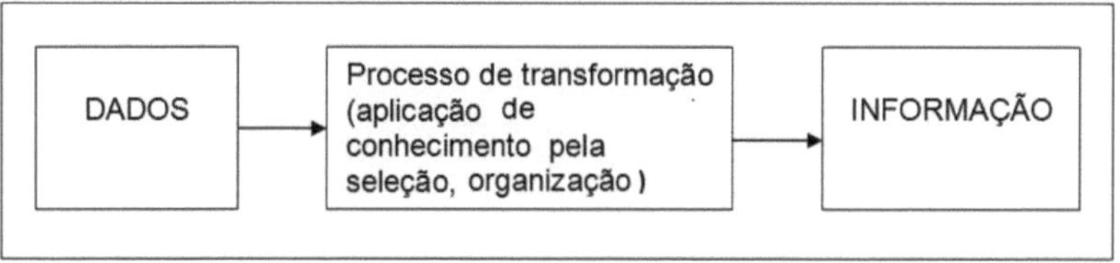

FIGURA 2 - Processo de Transformação de Dados em Informação
Fonte: Stair e Reynolds (2008, p. 06)

É possível destacar algumas características de dados valiosos, como a precisão, ou seja, as informações precisas não apresentam erros. As informações imprecisas são geradas quando dados imprecisos são fornecidos durante o processo de transformação, o que é normalmente chamado de "lixo entra", "lixo sai" – *garbage in, garbage out* (GIGO). (STAIR; REYNOLDS, 2008)

Outra característica de dados valiosos está relacionada às informações completas, ou seja, aquelas que comportam todos os fatos importantes.

Também se referem à economia, isto é, as informações devem ser relativamente econômicas de produzir e flexíveis, quando podem ser utilizadas para diversos fins. Um ponto relevante é a confiança que a informação apresenta, quando também tem relação à confiabilidade do método de coleta de dados. (COSTA, 2009)

Porém, os dados valiosos também devem englobar informações simples, as quais deverão ser apresentadas no momento certo, possíveis de serem checadas garantindo assim, que estejam corretas. As informações devem ser acessíveis aos usuários autorizados, captadas no formato correto e no momento correto de suas necessidades.

Portanto, a importância da informação é destacada nas organizações, conforme fundamenta a citação abaixo:

> A informação é tudo na administração de uma organização. Mas para uma boa informação é necessário existir um conjunto de características para que esse fundamental instrumento de trabalho realmente atenda as necessidades dos gestores, como agilidade e confiabilidade. Entender como os Sistemas de Informação são fundamentais para uma empresa colocar em prática aquilo que realmente precisa de um sistema. (COSTA, 2009, p. 5).

As informações cada vez mais são incorporadas em sistemas que facilitam seu afunilamento e consequentemente sua precisão e agilidade aos usuários.

Um sistema pode ser visto como um conjunto de elementos ou componentes que interagem para que objetivos sejam atingidos. "Os sistemas têm entradas, mecanismos de processamento, saídas e realimentação." (STAIR; REYNOLDS, 2008, p. 07).

Como exemplo de um sistema, é possível destacar tais elementos em uma escola, onde as entradas seriam os professores, estudantes, administradores, livros, equipamentos; os mecanismos de processamento seriam o ensino, pesquisa e serviços; a saída é representada por estudantes treinados, pesquisa significativa, serviços à comunidade, estado e nação; e, por fim o objetivo alcançado, ou seja, a aquisição de conhecimento.

Em suma, a forma de como os elementos do sistema é organizada, resultam em uma configuração.

Os sistemas podem ser simples, ou seja, ter poucos componentes e a relação ou interação entre os elementos é facilitada. Ou complexos, estes por sua vez, apresentam muitos elementos que são constantemente relacionados e interconectados.

Os sistemas podem ser abertos, isto é, interagem com o ambiente, ou fechados, os que não interagem com o ambiente.

Os sistemas também podem ser estáveis, os quais não sofrem muitas mudanças ao longo do tempo, ou dinâmicos, os que sofrem mudanças rápidas e constantes. Adaptativos, quando os sistemas podem mudar em respostas a mudanças no ambiente ou não adaptativos, ou seja, não se transforma. E, permanentes, quando o sistema permanece – existe por um período de tempo consideravelmente longo ou temporário, cuja sua existência é curta.

É possível tomar como exemplo, uma empresa fabricante de computadores, cujo sistema provavelmente é complexo e dinâmico, pois para ser bem-sucedida deverá acompanhar o ritmo do mercado, ou seja, operando de forma eficiente e eficaz em um ambiente mutável.

A eficiência e a eficácia são medidas comumente utilizadas para medir o desempenho de sistemas. A eficiência é uma medida do que é produzido dividido pelo que é consumido. Enquanto que a eficácia é uma medida do quanto um sistema atinge seus objetivos, podendo ser computada dividindo os objetivos efetivamente atingidos pelo total de objetivos estabelecidos. (STAIR; REYNOLDS, 2008)

Dessa forma, pode-se constatar que um sistema bem-sucedido é aquele que apresenta bons resultados em termos de eficiência e eficácia, não sendo diferente nos sistemas de informação.

2.4 Sistemas de Informação Baseado em Computadores

O sistema de informação baseado em computadores – SIBC ou (*Computer based information system – CBIS*) reúne *hardware*, *software*, bases de dados, telecomunicações, pessoas e procedimentos configurados para coletar, manipular, armazenar e processar dados em informações.

A próxima figura demonstra sistemas de informação baseados em computadores:

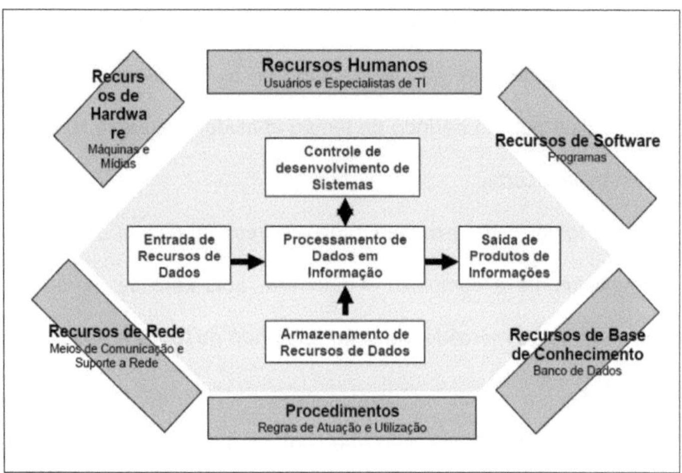

FIGURA 3 - Sistemas de Informação Baseados em Computador
Fonte: Adaptado de Stair e Reynolds (2008)

O *hardware* refere-se ao equipamento computacional utilizado para realizar atividades de entrada, processamento e saída. Os dispositivos de entrada englobam teclados, dispositivos automáticos de varredura, equipamentos que podem ler caracteres de tinta magnética dentre outros.

A capacidade de processar dados é aspecto crítico de um sistema computacional, em que o processamento resulta de uma interação entre uma ou mais unidades de processamento central e armazenamento primário. Cada unidade de processamento central (CPU) comporta três elementos associados: unidade aritmética/lógica, unidade de controle e áreas de registros. (STAIR; REYNOLDS, 2008)

Ainda estes mesmos autores, explica que a unidade aritmética/lógica (ALU) realiza os cálculos matemáticos e faz comparações lógicas. A unidade de controle acessa sequencialmente as instruções de programas, as decodifica e coordena o fluxo de dados de entrada e saída da ALU, registradores, armazenamento primário e até mesmo o secundário e diferentes dispositivos de saída.

Já, os registradores são áreas de armazenamento de alta velocidade usada para armazenamento temporário de pequenas unidades de instruções de programas e dados imediatamente antes, durante e após a execução pela CPU. O armazenamento primário, conhecido como memória principal está associado à CPU. (STAIR; REYNOLDS, 2008)

A ilustração a seguir demonstra a forma de como um computador típico executa uma instrução de programa.

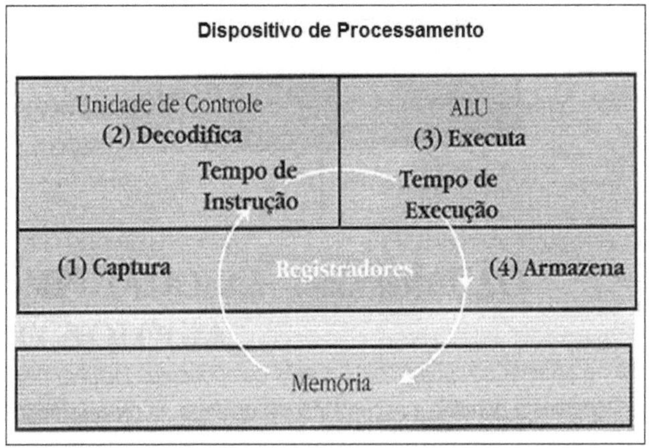

FIGURA 4 - Dispositivo de Processamento

Fonte: Adaptado de Stair e Reynolds (2008)

Na figura anterior na fase de instrução, a unidade de controle do computador captura a instrução a ser executada da memória (1). Então a instrução é decodificada para que o processador central tenha condições de compreender o que deve ser feito (2).

Na fase da execução, a ALU faz o que for instruída a fazer, efetuando uma computação aritmética ou uma comparação lógica (3). E os resultados são armazenados em registradores ou na memória (4).As fases de instrução e de execução juntas formam um ciclo de máquina. (STAIR; REYNOLDS, 2008)

Os componentes responsáveis pelo processamento – CPU e memória são colocados na mesma caixa ou gabinete, denominado unidade de sistema. Todos os demais dispositivos computacionais, como monitor e teclado, são ligados direta ou indiretamente a essa montagem de unidade de sistema.

O *software* refere-se aos programas de computador que lideram a operação do computador. Os *softwares* podem ser capazes de processar, por exemplo, folhas de pagamento, envio de contas a clientes, proporcionarem aos gerentes informações valiosas para ampliar os lucros, reduzir custos, etc.

Há dois tipos básicos de *softwares*, sendo, o *software* de sistemas, como o *Windows*, o qual controla as operações básicas do computador, como a inicialização e impressões. E o *software* de aplicação, como o *Office*, que permite a execução de tarefas específicas, como o processamento de textos e a tabulação de números. (STAIR; REYNOLDS, 2008)

A base de dados é uma reunião organizada de fatos e informações. Em uma empresa a base de dados pode, por exemplo, englobar fatos e informações de clientes, funcionários, estoques, vendas, aquisições on-line, dentre outros. "A maioria dos gerentes e executivos acredita que uma base de dados é uma das partes mais valiosas e importantes de um sistema de informação computadorizado." (STAIR; REYNOLDS, 2008, p. 15).

Em uma organização, sem os dados e a capacidade de processá-los, a mesma não seria capaz de obter o sucesso esperado na realização de suas atividades de negócios que muito advém de acertadas tomadas de decisões.

3.METODOLOGIA

A metodologia é um elemento importante para uma pesquisa científica que se visa desenvolver, por direcionar a investigação e suas respectivas fases. Como ensina Gil (2002), uma pesquisa é constituída por natureza, abordagem, objetivos e procedimentos. Assim, este estudo é uma pesquisa de natureza aplicada, pois, como explica este autor, tem a intenção de estudar uma solução ou interpretações para um problema específico.

É um trabalho cuja abordagem do problema é qualitativa. Como explica Vergara (2000), nessa abordagem há uma relação dinâmica do mundo real e do sujeito, porém, se refere a uma discussão dissertativa. A pesquisa desse trabalho tem objetivos exploratórios. Vergara (2000) pontua que nessa forma de pesquisa busca-se conhecer os principais fatos sobre um assunto.

No que se refere às técnicas para coleta e análise dos dados, este trabalho é composto por pesquisa bibliográfica e um estudo de caso único de uma empresa do setor automotivo, instalada em Jundiaí-SP.

As visitas foram pré-programadas durante os meses de Setembro e Outubro/2015, ocorrendo 4 visitas no período da manhã, na empresa – objeto desse estudo - para que fossem realizadas anotações e investigações sobre o seu sistema de informação e sua importância para o fluxo de suas operações e para as tomadas de decisões dos gestores.

Este estudo de campo se tratou somente de observações do ambiente organizacional, sendo também descritivo e documental.

Este trabalho contou com o suporte do orientador desse curso no Centro Universitário Padre Anchieta para sua verificação e ajustes necessários ao conteúdo textual.

4. SISTEMA DE APOIO À DECISÃO: CONCEITO

> Constituindo o principal exemplo de tomadas de decisão auxiliadas pelo computador, esses sistemas devem possuir grande interação com os profissionais táticos da empresa, além de uma fácil flexibilidade, adaptabilidade e capacidade de resposta rápida. (BATISTA, 2004, p. 25)

Um SAD tem como intenção a viabilidade do uso do computador de maneira interativa a fim de ajudar aos tomadores de decisão a usar os dados e modelos nas várias fases de seu processo decisório. (POLLONI, 2001)

Um SAD pode ser bem aplicado em seus vários departamentos, como exemplifica o quadro 1:

Departamento da Empresa	Aplicação
Finanças e Contabilidade	A análise da lucratividade (baseados em modelos financeiros), do ponto de equilíbrio, orçamentos e previsão financeira. Em varejo ainda são utilizados para análise da carteira de clientes e recomendação de investimentos.
Recursos Humanos	Análise de custos de contratação de mão-de-obra ou planos alternativos de remuneração, projeções dos requisitos de mão-de-obra a longo prazo.
Produção	Gerenciamento da cadeia de suprimento, otimização da produção, logística, manutenções, programação de entrega e alocação de estoques.
Marketing e Vendas	Determinação de preço, previsão de vendas, campanhas publicitárias e promocionais. Cada vez mais usado o gerenciamento do relacionamento com clientes para analisar modelos de compra, clientes mais lucrativos, etc.

QUADRO 1 – Aplicações do SAD por Departamentos
Fonte: Duca, Longo e Vit (2008)

Uma decisão deve ser realizada de forma compartilhada sempre que possível na organização, pois, caso contrário ela pode ser conveniente a uma só pessoa ou a um determinado departamento e não ser boa para a empresa como um todo.

Desse modo, o SAD tem uma visão global, por causa dos fluxos de informações por meio da organização hierárquica da empresa. Assim: "Os riscos de cada alternativa e suas consequências devem ser medidos e encarados. Somente através da informação esses riscos podem ser menores, aumentando-se o conhecimento sobre eles." (POLLONI, 2001, p. 57)

Nesse sentido, os SADs são operados nos vários níveis organizacionais como instrumentos de gerentes de níveis diferenciados. (POLLONI, 2001)

Um SAD pode ser dividido em elementos principais, como apresenta a Figura 9:

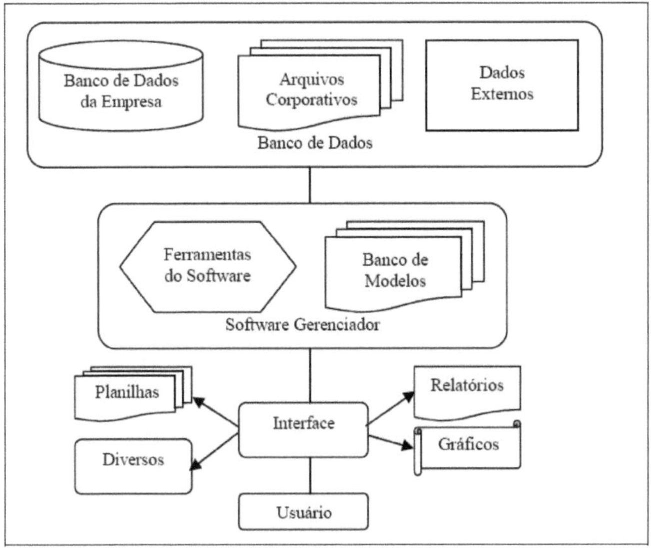

FIGURA 9 – Elementos de um SAD
Fonte: Duca, Longo e Vit (2008)

O *software* de um SAD pode ser constituído de outros vários instrumentos para a análise de dados. Esses instrumentos podem ser do tipo de mineração de dados, de previsão, de análise financeira, de riscos, analíticos, etc., de acordo com a necessidade da empresa. (DUCA; LONGO; VIT, 2008)

Por fim, para a que a empresa, venha aprimorar ou a implantar um SAD, é preciso que primeiro defina bem seus objetivos, depois, o planejamento estratégico que abordará quando, quanto, como e quais recursos serão usados e as políticas de como adquirir esses recursos. Logo, deve-se identificar o objetivo do sistema, o ambiente de processamento, os tipos de *hardware*, *software* a serem empregados, os componentes do sistema, as ações fundamentais e essenciais, qual a administração do sistema. Desenvolvendo e avaliando posteriormente, o sistema na empresa atento aos componentes da organização e ao seu nível de decisão (hierarquia).

5.DESCRIÇÃO E ANÁLISE DA EMPRESA

Uma empresa é formada por recursos físicos, humanos e financeiros, porém, sua sintonia harmoniosa é obtida através da colaboração de todos, mas, principalmente pelas tomadas de decisões. Assim, como na empresa Takata, as decisões são importantes para o seu bom desempenho e continuidade de suas atividades.

Embora, perceba-se que a empresa vem utilizando alguns *softwares* que tiveram custos elevados e alguns são lentos na execução de suas funções, o que poderá impactar nas decisões, e até mesmo no processo de fabricação dos seus produtos, que dependendo do problema gerado por um *software*, podem ocorrer falhas de designer, falhas no funcionamento do produto, dentre outras situações adversas.

Nesse sentido, estima-se que a empresa deva revisar de tempos em tempos o uso de seus *softwares*, buscando atualizações no mercado que venham a contribuir também para um Sistema de Apoio à Decisão (SAD).

Foram realizadas algumas visitas à empresa, que é citada nesse estudo para que fosse possível observar suas características básicas, bem como, compreender quais os tipos de *softwares* utilizados em sua administração, no seu fluxo de informações e que podem influenciar nas tomadas de decisões de seus gestores.

5.1 Características Básicas da Empresa

O presente artigo enfatiza o estudo de uma empresa que atua na área automotiva, com a distribuição de peças, denominada Takata Brasil S.A., cuja uma das filiais se encontra localizada na cidade de Jundiaí-SP.

A Takata assume uma história desde sua fundação em 1933, na fabricação de diversos componentes automotivos, como: cintos de segurança, *airbags*, volante, guarnição, fabricação e venda de cadeirinhas para crianças, etc., prezando pela segurança dos ocupantes dos veículos automotores.

As vendas da empresa até março de 2015 alcançou a 642.810 milhões, consolidando um número de colaboradores em 48.775 em todo o seu grupo. O seu capital está estimado em 41.862 de um milhão de ienes, presente em 21 países com 58 fábricas.

A Takata Brasil S.A. tem como filosofia empresarial: "em nosso peito há um espírito pioneiro do fundador. Preciosidade da vida humana está nos incitando".

A sua declaração de missão:

- Desenvolvimento de produtos inovadores, dedicados à satisfação do cliente com alta qualidade, excelente serviço.
- Vamos respeitar a variedade de personalidade e cultura, para realizar um sonho de ter o orgulho do povo Takata.
- Como membro ativo da comunidade, contribuir para uma sociedade melhor.

Em termos de governança corporativa, a empresa nomeou diretores em 2006, e tem trabalhado continuamente no desenvolvimento de sistemas. Para a empresa é importante construir uma forte relação de confiança entre as partes envolvidas, que inclui acionistas, investidores e principalmente os clientes e usuários finais. Com a constituição do sistema "Takata Governança Corporativa" (TK-CG), além do "*One World, One Takata*", a empresa vem buscando uma imagem global confiável.

6. ESTUDO DE CASO: SOFTWARE WHATSUP GOLD

> "Com a implementação do Software WhatsUp Gold tivemos grandes ganhos, em questão de tempo estamos conseguindo resolver problemas de rede sem impactar a produtividade, pensando em toda infraestrutura da empresa, o software ajudou a controlar e gerenciar a rede e a corrigir falhas, antes de gerar grandes impactos podendo causar prejuízos, e atrasos. O software também nos ajuda nos indicadores mensais, gerando relatórios para realizarmos apontamentos nas reuniões com gestores, mostrando resultados e metas."
>
> Responsável pela Infraestrutura Takata Jundiaí.

6.1 Desafio Apresentado

Até 2010 não tínhamos uma visão e um gerenciamento efetivo sobre os equipamentos e serviços que contemplam a infraestrutura de TI. A ausência desse gerenciamento acarretava na indisponibilidade de serviços, demora na detecção e atendimento e falta de pro-atividade, exemplo: espaço em disco disponível no servidor acabava e, as aplicações travavam e os serviços aos usuários ficavam indisponíveis até que alguém informasse a TI.

Um serviço de conectividade de Link poderia estar indisponível. A conectividade era feita pelo link reserva, porem só iriamos detectar quando alguém informasse sobre lentidão.

6.2 Pesquisas de Mercado

A procura de um software de gerenciamento de redes que fizesse toda a cobertura de mapeamento e toda a infraestrutura de TI, como dispositivos de redes, servidores, aplicativos, recursos virtuais, configurações e tráfego de redes. A empresa através de uma pesquisa de mercado encontrou o WhatsUp Gold, um software capaz de monitorar a rede e diagnosticar falhas, com baixo custo operacional. O software é voltado para busca e detecção de falhas para as redes, sendo de empresas pequenas ou de grande porte. O WhatsUp Gold garante a integridade e estabilidade da rede, com links de comunicação e aplicações criticas.

O que gerou credibilidade ao software é que é atestado e aprovado por quase 200 mil redes ao redor do mundo. É reconhecido também por ter a melhor relação custo x benefícios x desempenho com relação as outras ferramentas disponíveis no mercado.

O WhatsUp Gold gerencia e monitora toda a rede e infraestrutura durante 24 horas por dia, garantindo total visibilidade, controle e avisos necessários para atender as situações criticas. O software além de intuitivo, oferece ao analista facilidade , rapidez e eficiência para lidar com as ocorrências diárias de qualquer rede ou infraestrutura.

6.3 Implementando o Software na empresa

Com a implantação da aplicação do serviço de monitoramento, passamos a ter um gerenciamento proativo, identificando rapidamente situações que poderiam afetar a disponibilidade da Infraestrutura de TI antes que elas ocorram. Exemplos:
O sistema monitora a disponibilidade de área de disco, consumo de CPU, utilização da interface de rede e outros controles dos servidores, enviando alertas ao administrador quando identificado possível problema de indisponibilidade (fig-1).

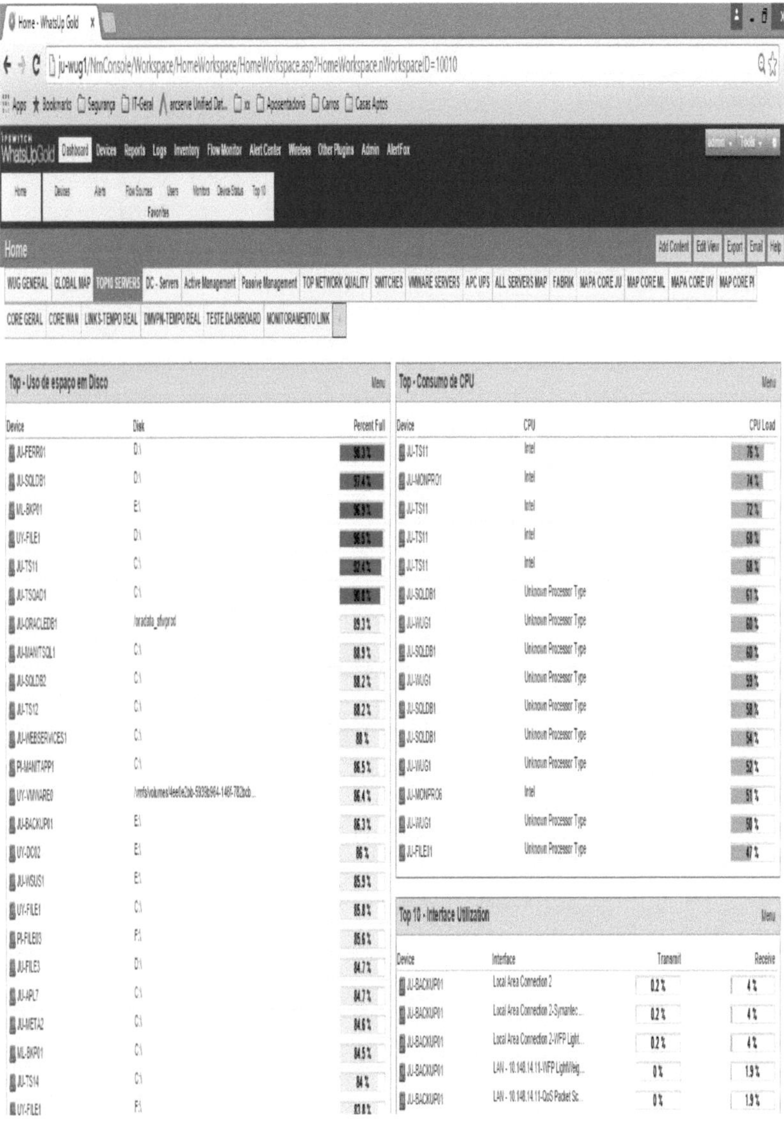

FIGURA – 1 Fonte: Documental

Um mapa exibe através de conectores (cor verde) se o device esta com funcionamento correto, amarelo se existe algum alerta e vermelho se o device esta indisponível (fig-2).

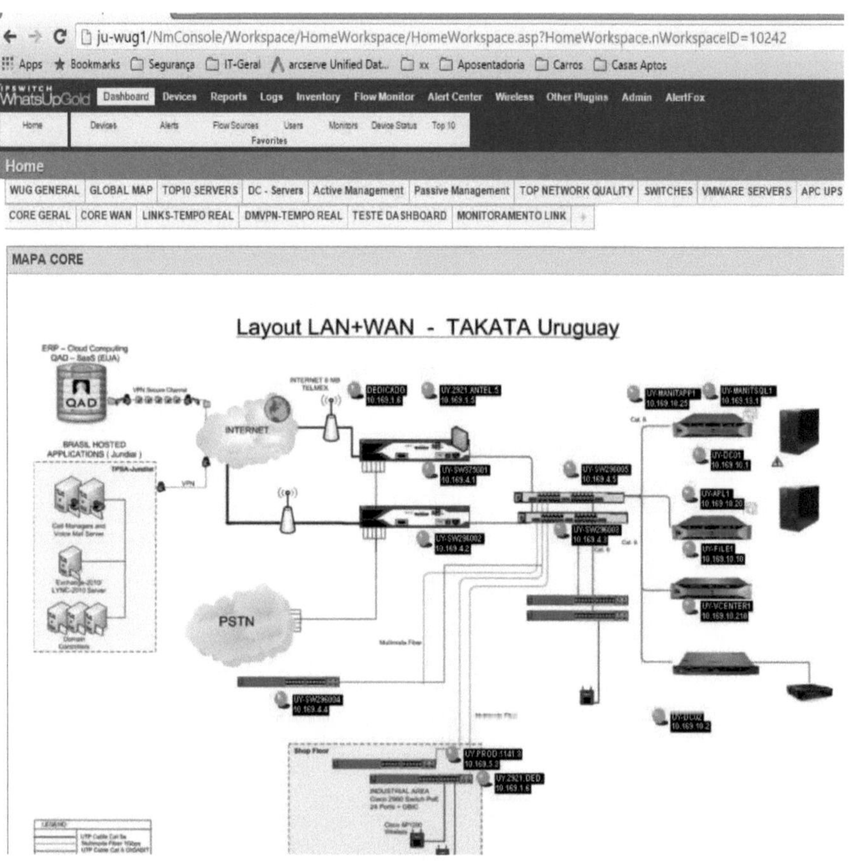

FIGURA – 2 Fonte: Documental

Um sistema de monitoramento em tempo real, informa sobre a utilização ou indisponibilidade dos links de comunicação, enviando alertas quando identificado alguma situação indevida (fig-3).

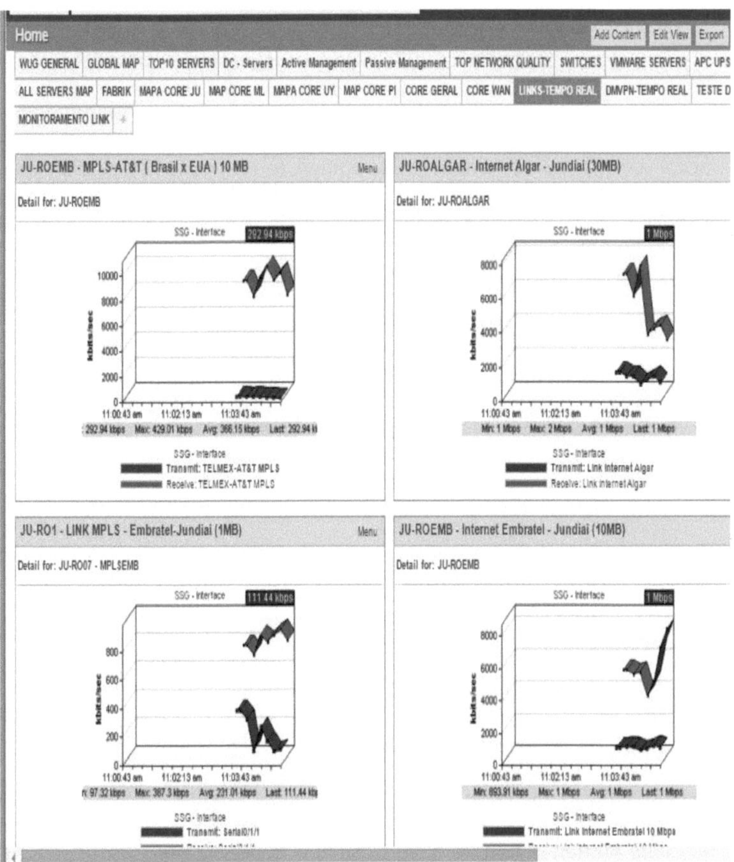

FIGURA – 3 Fonte: Documental

6.4 Resultados Finais

Na Takata depois de implementarmos esse software observamos grandes resultados. Como por exemplo, o tempo que ganhamos quando algum ponto de rede não esta recebendo e enviando dados, com esse software conseguimos verificar o problema no momento que o alarme de verificação é acionado.

Esse software tem nos ajudado com relação a todos os sistemas da empresa, caso algum dos sistemas venham ocorrer variações conseguimos intervir antes de gerar grandes impactos como, por exemplo: interromper a produção devido à parada repentina, compartilhamento de dados, relógios de pontos de funcionários.

Tratando-se de uma empresa do ramo automotivo onde os setores possuem SLA's de produção exigentes, ter uma ferramenta como esta possibilita agir na causa e não no efeito, trazendo ganhos significativos em tempo, qualidade e efetividade.

Os indicadores gerados pelo WUG possibilitam o estudo de melhorias baseados na produtividade e no tempo de execução de cada tarefa.

7. CONSIDERAÇÕES FINAIS

A sociedade contemporânea vem usando cada vez mais novas tecnologias em larga escala em todos os níveis, o que está levando a significativas mudanças nas concepções do desenvolvimento cognitivo do ser humano.

Assim, os seres humanos tem se desenvolvido e cada vez mais assumindo uma estreita relação com os avanços da inteligência artificial, que muitas vezes é comparada com um sistema computacional. E isso tem repercutido diretamente nas organizações, principalmente nos processos de tomadas de decisões.

Desse modo, a evolução de *hardwares*, *softwares* e das necessidades do mundo corporativo, vem expandindo uma gama de opções para a utilização do SAD.

Com este estudo foi possível responder ao problema de pesquisa, isto é, que o uso de um Sistema informatizado pode ser fundamental para a eficácia do processo de análise e tomada de decisão de uma empresa, como a do setor automotivo, conforme a mencionada nessa pesquisa, a Takata Brasil S.A..

A Takata, já possui alguns *softwares* próprios para geração de relatórios, apoio à administração, gerenciamento de rede, controle de ameaças e *backups*. Porém, poderá aprimorar o seu sistema informatizado para que possa dar um melhor suporte às tomadas de decisões, e assim, melhorar a qualidade de seus serviços e produtos, do atendimento, e para a administração, em tomar decisões mais acertadas que gerem condições de aproveitar oportunidades no mercado e competitividade para a empresa.

Este estudo buscou contribuir para maiores conhecimentos sobre o sistema de informação e a interação nos mais variados setores da organização, que pode contribuir para as tomadas de decisões e análises, e que, portanto, vem afetar diretamente a forma de como os gestores gerenciam os recursos físicos, humanos e financeiros, assim como a produção de produtos, e a possibilidade de reação de forma rápida frente às mudanças de ambientes.

REFERÊNCIAS BIBLIOGRÁFICAS

ALVIM, Paulo C. R. de. *Gestão do conhecimento nas empresas de pequeno porte*.2001. Disponível em: <https://www.google.com/search?hl=en&q=ALVIM%2C+Paulo+C%C3%A9sar+Rezende+de+Carvalho.+Gest%C3%A3o+do+conhecimento+nas+empresas+de+pequeno+porte&rlz=1I7GPCK_pt-BR>, recuperado em: 04/07/2015.

ANDREASI, Mariana Sasso; GAMBARATO, Vivian T. S. Uso da tecnologia da informação como vantagem competitiva nas organizações. *Revista Tékhe & Logos,* Botucatu, SP, v.1, n.2, p. 1-12, fev. 2010.

BATISTA, Emerson de Oliveira. *Sistema de informação:* o uso consciente da tecnologia para o gerenciamento. São Paulo: Saraiva, 2004.

CAPURRO, Rafael; HJORLAND, Birger. O conceito de informação. *Revista*

COSTA, Carlos Eduardo da. *Sistemas de Informação*. Disponível em: <http://www.administradores.com.br/producao_academica/sistemas_de_informacao_sistemas_de_gestao_empresarial/358/>, recuperado em: 15/09/2015.

DUCA, Fábio V.; LONGO, Gilson L. P.; VIT, Antônio R. D. *Sistema de apoio à decisão nas organizações:* transformando dados em informações. 2008. Disponível em: <http://www.administradores.com.br/producao-academica/sistema-de-apoio-a-dooiooo-nas-organizacoes-transformando-dados-em-informacoes/2562/>, recuperado em: 11/10/2015.

GIL, Antonio Carlos. *Como elaborar projetos de pesquisa*. São Paulo: Atlas, 2002.

LEME FLEURY, M. T.; FLEURY, A. Construindo o Conceito de Competência. *RAC.* Edição Especial, 2001. p. 183-196.

MAÇADA, Antonio Carlos G. *Impactos dos investimentos em tecnologia da informação nas variáveis estratégicas e na eficiência dos bancos brasileiros*. 2001. 211 f.

Tese (Doutorado em Administração) – PPGA, Escola de Administração, UFRGS, Porto Alegre, 2001.

MONTANA, Patrick J. ; CHARNOV, Bruce H. *Administração.* São Paulo: Saraiva, 2011.

NISEMBAUM, Hugo. Gestão do Conhecimento. In: *Manual de Gestão de pessoas e equipes.* São Paulo: Gente, 2002. v.2, p. 275-285.

POLLONI, Enrico G. F. *Administrando sistemas de informação*: estudo de viabilidade. 2. ed. São Paulo: Futura, 2001.

REZENDE, Denis A. *Engenharia de software e sistemas de informação*. 3. ed. Rio de Janeiro: Brasport, 2005.

SANTOS, Antonio R. dos et al. *Gestão do Conhecimento como Modelo Empresarial.* Disponível em:<http://www1.serpro.gov.br/publicacoes/gco_site/m_capitulo01.htm> recuperado em: 10/07/2015.

STAIR, M. Ralf: REYNOLDS, George W. *Princípios de sistemas de informação*. 4. ed. São Paulo: LTC, 2002.

TAKATA BRASIL S.A. *Home Page*. 2015. Disponível em: <http://www.takata.com/about/company.html>, recuperado em: 20/10/2015.

TERRA, José C. Cyrienu; GORDON, Cindy. *Portais corporativos:* a revolução na gestão do conhecimento. 6. ed. São Paulo: Elsevier, 2002.

VERGARA, Sylvia. C. *Métodos de pesquisa em Administração*. São Paulo: Atlas, 2000.

WALDMAN, Eduardo. *Análise do sistema de informação utilizado no setor de compras de uma empresa automotiva.* 2004. 125 f. Trabalho de Conclusão de Curso (Mestrado Profissionalizante em Engenharia – Mestre em Engenharia) Universidade Federal do Rio Grande do Sul, Porto Alegre, 2004.

WHATSUPGOLD. *Software WhatsUp Gold.* 2015. Disponível em: <http://www.whatsupgold.com/>, recuperado em: 29/10/2015.

Table des matières

RESUMO 2
ABSTRACT 3
1. INTRODUÇÃO 4
2. REVISÃO BIBLIOGRÁFICA 6
2.1 A Gestão do Conhecimento 7
2.2 Comunicação e Informação 10
2.3 Conceitos de Sistema de Informação e Decisões 12
2.4 Sistemas de Informação Baseado em Computadores 17
3. METODOLOGIA 21
4. SISTEMA DE APOIO À DECISÃO: CONCEITO 22
5. DESCRIÇÃO E ANÁLISE DA EMPRESA 24
5.1 Características Básicas da Empresa 25
6. ESTUDO DE CASO: SOFTWARE WHATSUP GOLD 26
6.1 Desafio Apresentado 26
6.2 Pesquisas de Mercado 27
6.3 Implementando o Software na empresa 28
6.4 Resultados Finais 32
7. CONSIDERAÇÕES FINAIS 32
REFERÊNCIAS BIBLIOGRÁFICAS 34

Printed by Books on Demand GmbH, Norderstedt / Germany